AF243508

LETTRE

A MONSIEUR

LE PRÉSIDENT DE LA RÉPUBLIQUE

EXAMEN DE LA SITUATION FRANÇAISE

PARIS

E. DENTU, LIBRAIRE-ÉDITEUR

PALAIS-ROYAL, 17 ET 19, GALERIE D'ORLÉANS

1874

Reproduction autorisée pour les journaux.

LETTRE

A MONSIEUR LE PRÉSIDENT DE LA RÉPUBLIQUE

Monsieur le Président,

Voulez-vous bien permettre à un de vos plus obscurs administrés de vous soumettre les quelques réflexions que lui suggère la situation française, et la solution d'un problème qu'il est réservé à de plus éminents de déclarer pratique ou impossible.

Quand la Chambre se réunit pour prendre une décision sérieuse, que la France attend comme un bienfait, il est utile de signaler à l'examen des élus du pays, ce qui doit appeler toutes leurs méditations ; ils ont un monument à élever, heureux s'ils pouvaient dire avec le poète :

Exegi monumentum ære perennius.

I

Vous avez, Monsieur le Président, accepté une lourde charge ; reconstituer la nation française, ce n'est pas une mince besogne, et tenter pareille entreprise dénote votre force, votre confiance, votre dévouement.

La France accablée sous le nombre dut reconnaître son impuissance à chasser l'ennemi, et dans cette assemblée à laquelle il n'était permis que d'accepter les conditions du vainqueur, bien des larmes amères furent versées par ces représentants, qui devaient, sans discussion possible, se séparer de leurs frères, de leurs amis, de leurs parents, et voter cet abandon de territoire qui ne peut manquer un jour de créer de nouvelles discordes, en plaçant les fils dans cette alternative de mourir ou de racheter le passé.

Le Français, alors qu'il était vainqueur, se disait assez riche pour payer sa gloire, un jour sera-t-il assez fort pour effacer sa défaite ?

La malheureuse guerre entreprise si légèrement, si fatalement, sera jugée par les historiens de l'avenir ; ils diront les vraies causes de cette lourde faute, ils apprendront aux générations que les pouvoirs arrivés subrepticement en s'imposant, sauf à se faire acclamer après, sont destinés à périr, s'ils cessent un jour d'être souverainement absolus, s'ils s'abandonnent à une analyse quelconque !

L'empereur Napoléon III est tombé à la suite de cette guerre néfaste, non-seulement parce qu'il n'était pas préparé pour la bataille, mais surtout parce que, monté sur le trône par la force, il a cessé de s'appuyer sur la force !.... Il avait rétabli la tribune législative, première faute, eu égard à son origine ; ce pas fait, il a dû subir et autoriser les journaux dans leurs reproductions et discussions ; ces derniers ont jeté l'inquiétude, semé la discorde, et proclamant la liberté et les droits du citoyen, il fallut concéder le droit de réunion !.... Dès-lors, plus de puissance, ce n'est plus l'Empire indiscuté et indiscutable, c'est un pouvoir envié, déchiré, amoindri, annihilé !....

Napoléon III comprit trop tard son erreur. Pour calmer le flot populaire qui devenait menaçant, pour détourner la tempête, il saisit brusquement l'occasion, piége fatal que lui tendait la Prusse, de lancer la nation française, toujours amoureuse de l'inconnu, dans cette guerre qui, attiédissant momentanément l'audace verbeuse, lui permettrait, s'il était vainqueur, de rentrer en maître, d'imposer sa loi en plaçant la couronne impériale sur la tête de son fils après avoir déblayé le terrain des concessions qui lui avaient été trop habilement arrachées.

L'empereur Napoléon savait bien que la Prusse et ses alliés nous étaient supérieurs numériquement; mais il savait aussi que la nation française, dont il n'avait pu armer les enfants selon les projets du maréchal Niel, parce qu'il avait trouvé dans la chambre une opposition systématique qui n'est pas pour peu dans nos malheurs, opposition que l'histoire atteindra, frappera de son fouet vengeur, marchait vers une révolution nouvelle qui le renverserait certainement, lui et sa dynastie, mais qui encore compromettrait l'existence de la France vis-à-vis de l'Europe. C'est alors que pesant tous les dangers, il se décida à tenter le hasard, un insuccès de la Prusse pouvait lui être définitivement fatal, lui détacher ses alliés, lui créer des ennemis, raviver des haines mal éteintes, un abîme alors s'ouvrait pour le roi Guillaume, il subissait la paix ; pour arriver à ce résultat douteux il fallait se hâter, tout oser ; on perdit un temps précieux, et ce qui était possible devint insensé !

Les historiens narreront les faits, citeront les hommes. Ils constateront la part qui doit être faite à chacun, et tel ne se doute pas que l'avenir lui réserve un souvenir maudit et ne citera son nom que pour le stigmatiser et le flétrir.

La révolution que Napoléon III redoutait, qu'il avait parfaitement reconnue latente, n'a pas attendu longtemps pour dire son mot, révéler ses exigences, brûler Paris, mettre la France à deux doigts de sa perte, en autorisant presque l'intervention armée de l'étranger.

Vous avez, Monsieur, maîtrisé, dominé cette révolution qui menaçait de tout engloutir, la Patrie vous doit de ce chef reconnaissance et elle inscrira dans ses annales ce service qui portera votre nom au souvenir des âges futurs.

Le gouvernement qui dirigeait alors aurait dû faire un plus large usage de votre succès. La France, après avoir été voisine d'une ruine éternelle, avait besoin qu'un pouvoir définitif fût constitué ; il fallait le créer, il était demandé, il eût été accepté par acclamation ! Mais le grand citoyen, qui tenait les rênes du pouvoir, ne voulut-il point tenter ce coup décisif, ou préféra-t-il demeurer le premier dans Rome, c'est ce que je n'ose juger croyant cependant qu'après avoir beaucoup fait, Monsieur Thiers aurait pu faire davantage !....

II

Régénérer la France, c'est votre but, Monsieur le Maréchal, marchons donc avec vous.

Quand une nation comme la nôtre a une histoire aussi gigantesque, quand les pères ont accompli des destinées aussi grandioses, ne faut-il pas craindre que le cercle autour duquel gravitent les générations qui suivent, ne réservent aux fils une période d'abâtardissement et d'annihilation. Avoir trop tôt et trop vite gravi tous les degrés de la puissance, cela ne mène-t-il point à descendre vertigineusement les échelons de l'adversité ?

Notre Patrie, riche, glorieuse, puissante, enviée et admirée du monde entier, libre de faire pencher la balance des destinées d'un peuple au gré du pommeau de son épée, s'est endormie dans la splendeur du triomphe. Alors elle a cru que tout lui était permis, elle a voulu goûter à toutes les joies, à toutes les ivresses, à tous les bonheurs ; elle a chanté toutes les hymnes ; vidé tous les calices ; abusé de tous les plaisirs ; elle n'a conservé aucuns respects, elle a oublié pays, famille, religion, morale, tout enfin, et prenant un dévergondage pour une vie nouvelle, elle a perdu sa force, sa valeur, son audace, au milieu des nuits enivrantes de la volupté.

Oui, Monsieur, la France si grande est descendue de son piédestal, le fils n'honore plus son père, il quitte avec bonheur le clocher qui l'a vu naître pour être affranchi de l'autorité paternelle et pouvoir à son gré dispenser sa vie. Il faut à cet enfant qui ne connaît rien encore, il lui faut la liberté de tout discuter, de ne plus croire, d'obéir à ses penchants ; rien de ce qui pourrait retenir ou gêner sa juvénile volonté ne peut être accepté par lui. Voyez ce mari qui quitte son intérieur ; cette femme qui oublie ses devoirs ; voyez cet ouvrier qui déserte l'atelier pour le café ; entendez ces discussions politiques que la passion seule dirige ; voyez cet engouement pour les romans feuilletons, pour les livres les plus pervers qui arrivent à des nombres étonnants d'édition ; voyez le théâtre, il ne châtie plus les mœurs en riant, il excite les passions du geste, de la voix et du costume ; voyez le soir les trottoirs de la grande ville ; voyez le jour les toilettes et le luxe en voiture des demi-mondaines dont on cite les noms comme des célébrités, et dites-moi si quand la société va de jour en jour se dégradant davantage, il y a beaucoup d'espoir de guérir la gangrène qui ronge un corps usé ?

Vous tentez, Monsieur, de combler l'abîme, puisse le succès égaler votre courage.

Voulez-vous, d'un trait de plume, améliorer la situation des campagnes, supprimez moitié des cabarets et imposez les billards d'une patente *énorme* ; je souligne le mot. — Vous aurez remédié à un des fléaux qui affligent le travailleur au village ; vous aurez commencé la moralisation d'une façon notable. Le billard à la campagne, entraîne au cabaret, il y retient, il cause des discussions sérieuses entre le père et le fils, entre le patron et l'ouvrier, le maître et le domestique, il nuit considérablement au travail, il devrait être proscrit ; loin de là, souvent la plus minime commune en compte deux. Eh bien, puisqu'il est toléré, il doit être frappé d'un impôt extraordinaire, afin que l'exploitant restitue une notable partie du bénéfice fait par lui en entravant pour son bien être tout personnel, la marche régulière des rapports sociaux. Notez que le billard est offert gratis aux consommateurs villageois, c'est l'amorce faite pour conduire à la dépense.

Il ne faut jamais oublier que la France, avant tout, est un pays agricole ! donc la première préoccupation est de retenir au foyer paternel, au sol qui les a vu naître, grandir, les bras indispensables à l'agriculture. Au travailleur des champs et à tous ceux qui sont utiles à l'accomplissement de son œuvre, créez des avantages notables qui le retiendront au foyer, qui le laisseront soumis à l'autorité paternelle, première étape conduisant à l'amour de la patrie et de la famille.

Voyez ce qui arrive aujourd'hui, le village se dépeuple, les jeunes courent à la ville pour y être domestique, garçon de peine, employé, manœuvre au chemin de fer. Est-ce que l'on gagne plus que chez son père ? Est-ce que l'on travaille moins, est-ce que l'on est mieux ? Non… mais on est libre !… on est affranchi des observations paternelles, du contrôle du voisin, on vit à sa guise ; et un jour la société aura à se défendre contre des mécontents et des abrutis, alors que, retenus au lieu natal, elle aurait pu compter sur des hommes dévoués.

Permettez-moi, Monsieur, en passant, de signaler une étrange lacune. Le militaire qui défend son pays, qui donne son existence à la cause nationale, voit un jour briller sur sa poitrine une étoile d'honneur qui le signale au respect ; pour le simple soldat, la médaille militaire. Cet insigne, dont un prince a dit : celle-là se gagne et ne se donne pas, a été instituée pour récompenser son zèle et sa loyauté. Pour l'homme des champs, dont la vie est toute entière de travail et d'abnégation, pour lui qui est méritant chaque jour, chaque heure, pour lui qui enrichit réellement la patrie qui a besoin de son labeur, peu ou pas de distinctions honorifiques ne viennent le surprendre. On donne la croix d'honneur à un magistrat, à un ingénieur, aux inventeurs, à un fabricant, à un négociant heureux dans ses calculs, à un lettré et voir même à un illettré vaudevilliste et on oublie ce cultivateur, ce vigneron qui consacre sa vie à un travail qui assure le bien-être, la satisfaction, les jouissances de tous. Si l'on ne peut décorer tous les travailleurs campagnards qui le méritent, que quelques-uns le soient, et qu'une médaille civile vienne honorer le simple soldat de nos guérets qui donne son aide à celui qui dirige, et que grâce à cet insigne mérité, il ait un brevet qui le signale parmi les plus dignes, et lui assure une modeste récompense, souvenir d'un loyal concours.

Et dans cette loi militaire nouvelle, que vous codifierez, Monsieur, en l'améliorant, selon les besoins que les compétents signaleront, vous étudierez s'il ne vous serait pas possible de créer pour le travailleur manuel, sur le sol natal, un mode d'éducation militaire qui, tout en ne coûtant rien à l'Etat, lui permettrait de compter sur des hommes disciplinés, instruits, dirigés par des officiers mariés, fixés au village même, qui les conduiraient chaque année aux revues et exercices régionaux. Selon moi, pour avoir droit de ne point quitter son foyer, il faudrait prendre l'obligation d'y travailler manuellement durant un nombre d'années égales à celles du service obligatoire. De cette façon, la patrie aurait deux armées, sur lesquelles il lui serait toujours permis de compter : l'une militante faisant le service des places fortes, des garnisons des villes, donnant l'ordre ; l'autre, travaillant manuellement, assurant la production du sol et promettant la richesse du pays.

III

Une question sérieuse occupe les esprits ! l'instruction obligatoire; il faudra la traiter, la résoudre.

En France, depuis la plus humble chaumière jusqu'au sommet du plus élevé des créneaux du château domanial, il règne un vent d'orgueil, d'ambition, de vanité qui a creusé un abîme dont la profondeur est ignorée même des plus habiles. On ne reconnaît plus de maître, on veut bien commander, on a désappris à obéir !...

Nos pères qui nous ont transmis tant d'héritages de gloire, qui ont à pas lents enfanté des merveilles, créé des cathédrales, parsemé le sol de monuments, toutes choses dont nous nous enorgueillissons, possédaient au plus haut degré la qualité essentielle de l'obéissance et de l'abnégation. Ils reconnaissaient des chefs, ils exécutaient ponctuellement des ordres, ils croyaient, ils écrivaient leur histoire en pierre de taille, ils enfantaient des chefs-d'œuvre ; leur glaive gravait leurs victoires sur la poitrine des vaincus, ils faisaient des conquêtes ! Aujourd'hui les connaissances de nos devanciers nous ont conduit à de précieuses découvertes, à des inventions d'un mérite immense, la science, l'industrie ont fait un pas en avant ; la société en a fait plusieurs en arrière... Un mal moral que nous sentons, dont nous nous plaignons, mal qui cause notre faiblesse, nous envahit, et nous ne faisons rien pour échapper au torrent qui menace de nous entraîner et de nous détruire ; c'est presque le sourire sur les lèvres que nous marchons à notre ruine. Les doctrines fausses, destructives de tout ordre social, sont dues à l'ambition qui envahit le père de famille et qui le fait désirer pour son fils un changement de condition ; il va le bourrer d'instruction, il négligera de lui apprendre à savoir se diriger moralement.

Chez les Egyptiens, le fils était nécessairement le successeur né de son père, dans son état, dans sa profession ; cette loi toute étrange qu'elle paraît être, avait très-certainement été édictée pour la stabilité des sociétés futures, et à ce point de vue elle avait raison d'existence. Mais entre cette dure nécessité de ne pouvoir sortir de la sphère paternelle et l'ambition démesurée de vouloir arriver au sommet ou tout au moins de devenir des émargeurs rétribués par l'Etat, il y a une immensité, et c'est cette immensité dont il faudrait corriger le vide, afin que chaque citoyen soit un enfant de la patrie, ayant reçu une éducation morale qui le mette à même d'user des connaissances qu'il acquérera dans son intérêt personnel, mais sans employer le bénéfice de son instruction dans une lutte qui témoigne par ses tendances, qu'il jalouse le bien-être du voisin, plus habile, plus heureux, plus favorisé.

Examinons. Ce père ne connaît pas les littératures française ni étrangères, il n'a pas appris à disserter philosophie, les brochures explicatives des droits du citoyen qui lui ont été envoyées sont demeurées vierges sous leur bande ; il ne lit pas les romans en vogue, les noms des fantaisistes du feuilleton lui sont inconnus ! En revanche, il connaît les saisons utiles pour labourer son champ, pour le fumer, pour l'ensemencer, pour tout disposer pour assurer la récolte ; il sait à quelles heures et de quelle manière il faut soigner les animaux de la ferme, dans quelle mesure on doit les nourrir et quel sera le fruit de ce soin quotidien.

Cet homme utile s'est marié, sa femme et lui avaient pour fortune, honnêteté, travail, santé ; ils ont réussi dans la limite et même au-delà de leur espérance. Ils ont eu des enfants, dont un fils. S'ils ont la sagesse de l'éduquer en développant en lui, à côté des choses excellentes qu'on lui apprendra, l'amour et le respect dû à la famille, à la morale, à la religion de ses aïeux, ils feront de cet enfant un homme plein de cœur, plein de patriotisme, qui, s'il s'élève, ne s'élèvera que parce que son intelligence lui révèlera qu'il est appelé à des destins supérieurs.

Si, au contraire, en raison de son succès, ce père qui a été heureux par le travail rêve pour son fils des positions magistrales dont il ne peut apprécier les charges, calculer les connaissances obligatoires, mais dont il ambitionne les honneurs, à peine sorti du berceau, il apprendra à son enfant que le bonheur n'est complet qu'alors qu'on occupe une haute position, qu'on touche de gros appointements, qu'on peut dépenser sans compter et qu'on est maître de tout s'offrir parce que l'on peut tout payer; il pervertira ce jeune cœur, qui bientôt dépassera les désirs paternels.

En effet, voilà l'enfant placé au lycée, il travaille, il réussit, chaque année il est couronné et il se lie avec des camarades dont la famille le convie avec plaisir, à passer chez elle quelques jours des vacances? C'en est fait, la vie opulente a mordu l'imagination ardente de ce jeune lycéen, la ferme de son père ne sera plus habitable pour lui; il devient bachelier, il s'élance vers la grande ville, le village ne le verra plus revenir.

Notre jeune ambitieux est devenu licencié en droit ou docteur en médecine, le père a fourni à tous les frais, mais il se fait vieux, il a une fille à laquelle il doit aide et soutien, il pense que son fils muni de ses brevets, de ses diplômes, cité comme une exception dans ses examens, peut facilement et largement subvenir à ses besoins, du reste il ne peut plus ou il ne veut pas continuer la dépense. Ce serait cependant alors que les sacrifices seraient le plus nécessaires, quand l'on sort des écoles on a appris seulement à étudier et avant d'être pratique, d'être connu, de compter une clientèle, il se passera de longs jours !

Il faut vivre ! Qu'allons-nous voir? Ce jeune homme est plein de son triomphe, il se compte sérieusement pour un grand homme ; il se considère comme supérieur en connaissances à tel ou tel de ses condisciples qui vient d'être placé, nommé ; alors il frappe à toutes les portes, il demande une place à l'Etat et comme elle ne vient pas, comme on ne peut faire autant d'administrateurs que d'administrés, il deviendra l'ennemi né du gouvernement, il critiquera tous les actes du pouvoir, il argumentera, il discourra au coin d'une table d'estaminet et si un jour arrive, qu'un peu de bruit se fasse dans la rue, vous rencontrerez notre diplômé monté sur un banc, haranguant la foule, proposant le renversement des institutions existantes au bénéfice d'un inconnu où il espère trouver le moyen de se caser avantageusement, sauf à faire de la tyrannie au besoin pour conserver la position conquise.

Notre société, Monsieur, est pleine de gens qui ne ressemblent que trop au portrait que j'esquisse, beaucoup même, savent moins et prétendent à davantage !.. Si ces discoureurs avaient été dirigés vers un travail déterminé, ils auraient gagné leur vie, augmenté le bien être du pays d'une façon quelconque, ils eussent été des rouages utiles, ils sont devenus des êtres dangeureux et nuisibles.

Si jamais l'instruction est obligatoire, à l'Etat qui sera chargé de la donner, tout au moins de la surveiller, incombera la tâche immense de veiller pour que cette instruction soit moralisatrice avant tout ! il faudra la doser de façon à ce que les désirs, les espérances, les ambitions qu'elle fera naître ne soient pas par suite de la déception, la source féconde et intarissable des conflits sociaux.

Oui, Monsieur, la France, permettez-moi de le répéter, est un pays agricole, son sol est fécond ; c'est là qu'est la richesse et l'avenir réel de la patrie, songez à l'agriculture, ne la perdez pas de vue, faites que les bras qui lui manquent lui reviennent, faites que le fils aime la charrue qui a enrichi son père, la fortune nationale s'augmentera, la force physique et morale de la patrie grandira ; nos voisins auront encore à nous envier, ils nous respecteront, ils nous admireront, s'ils venaient à nous attaquer ils nous trouveraient prêts ! On défend bien ce que l'on a appris à bien aimer !..

<h2 style="text-align:center">IV</h2>

Puisque le suffrage universel a été créé, établi, puisqu'il fonctionne, il ne s'agit point de l'annihiler, de le décimer, il doit être seulement réglementé de façon que l'exercice de ce droit donne des résultats véridiques, réels, non falsifiés, soit volontairement, soit négligemment.

On est électeur à vingt-un ans, soit ! c'est un peut tôt, vingt-cinq ans eussent été préférables, il faut prendre une décision qui a une valeur et on est à peine mûr. Mais où doit-on être électeur ? Au domicile réel !.. Eh bien, là il y a une lacune, vous êtes français majeur, soyez électeur, mais soyez-le comme le soldat qui est porté au contingent du lieu de sa naissance et qui, une fois sous les drapeaux, devînt-il colonel, n'a d'autre domicile que celui de ses père et mère. J'estime que pour ne pas fausser le suffrage universel dans ses applications, vous ne pouvez exercer ce droit que là où le père de famille est venu créer une demeure fixe, bien établie, reconnue. Pour modifier l'exercice du droit électoral on doit exiger que là où il vous plaît de vous déclarer fixé, ce ne soit point une résidence temporaire que vous avez créée, mais un établissement quelque minime qu'il soit, qui dénote la fixité, qui implique abandon du retour au domicile précédent. En un mot la loi devrait vous proclamer électeur là où vous êtes né, à moins qu'un emploi, une charge, une création industrielle, une circonstance matérielle, ne viennent dénoter et affirmer, que le nouveau domicile est définitif et sans esprit de retour.

Ce mode d'exercice du suffrage universel semble typique, naturel et réalisant le vrai but du législateur.

Voyez ce qui arrive, ce fils des Pyrénées, qui, dès son jeune âge, à entendu parler de MM. X. ou Z. votera pour un candidat de lui connu, qui pourra rendre des services au département dont il brigue les suffrages ; si venu à Paris il lui est permis de déposer un nom

dans l'urne, grâce à son domicile de hasard, il votera pour un inconnu, il cédera aux suggestions dont on l'entourera, il ne sera donc
pas l'expression libre d'un homme qui remplit un devoir, il ne con-
sacrera pas un droit, il témoignera que la loi a laissé un échappatoire
à l'aide duquel les habiles vicient les résultats.

Mais, me direz-vous, un naturel de Perpignan, qui est tâcheron à
Paris, à Marseille, ne fera pas le voyage pour aller voter. Non, sans
doute. Aussi la loi dira que muni de sa carte d'électeur à lui parve-
nue franco, ce Perpignanais votera à sa résidence, en envoyant son
bulletin de vote cacheté, chargé par la voie de la poste, par la voie
du télégraphe si elle lui est agréable, le tout gratuitement, ou bien
en déposant son bulletin à la mairie de sa résidence tenue de faire
parvenir.

Par ce moyen, c'est assurer l'importance du suffrage universel,
l'utilité du vote ; quand autrement vous autorisez l'erreur, vous
facilitez les nominations inconscientes, vous amoindrissez la valeur
et la force du droit d'élection.

Puisque chaque citoyen est une fraction nationale exerçant le
pouvoir à des jours donnés, il faut que nous en sachions assez pour
faire le choix de ceux que nous constituons l'arbitre de nos destinées futures ; il faut que nous puissions faire ce choix sérieusement
et sans nous abandonner aux promesses fallacieuses, aux mots so-
nores de ces diseurs, qui ont mangé à tous les râteliers, bu dans
tous les verres, serré toutes les mains. Il est utile de distinguer ces
ambitieux qui veulent du pouvoir à tous prix ; il est tel qui n'a pas
réussi exposant des convictions honorables que justifiaient sa position
d'homme, de père, de citoyen, qui, pour arriver, ne craindra pas de
saper les principes qu'il a jadis posés, un fauteuil de député s'il
vous plaît ; voilà son cri et il reniera ses croyances, il abjurera ses
dieux, il proclamera que la lumière s'est faite dans son esprit,
dusse cette lumière devenir une torche d'incendie.

Il faut que tout électeur sache au moins *écrire personnellement* le
nom de celui auquel il confie les destinées du pays. Comme il devra
écrire son nom devant des commissaires délégués, le temps qu'il
mettra à inscrire sur son bulletin le candidat de son choix, certifiera
de la sincérité de son vote. Il faut que le choisi, soit par une circonstance quelconque attaché au sol du pays qu'il doit représenter ; tel
né sur les bords de la Garonne, discutera mal les intérêts des pays
qu'arrose la Saône, il ne les connaît pas ; les intérêts départemen-
taux ont besoin d'être connus, représentés pour l'établissement
conscient du grand tout.

Un dernier mot sur le mode électoral. L'élection à deux degrés
pourrait certainement offrir des garanties. La commune choisirait
un ou plusieurs délégués, et ceux nommés se réuniraient au canton
pour désigner les plus dignes à la représentation nationale ; il y
aurait au moins de la part des élus par la commune connaissance du
préféré, et celui choisi aurait le droit incontestable de se déclarer

hautement l'élu du département dont il défendrait les intérêts. Ce mode de trancher la nomination de nos députés n'a pas été mis en pratique. Pourquoi? Je l'ignore!.. Très certainement l'idée n'est pas nouvelle, et si elle a été repoussée c'est parce que les compétents auront trouvé des impossibilités dans sa mise en œuvre.

V

Je marche à grand pas vers les dernières parties de cette lettre déjà longue; mais en présence des choses graves qui tourmentent les esprits, tout en voulant être bref pour ne point réclamer un temps trop long de lecture, il faut en dire assez pour exprimer sa pensée.

Fonder l'équilibre dans les sociétés, c'est là le grand rôle réservé dorénavant à la main gouvernementale! Des rapports continuels existent entre les membres grands et petits, il faut éviter les froissements; il faut que l'un rencontre l'autre sans qu'un regard farouche vienne prédire l'irritation et faire naître la défiance; il faut que les citoyens de la même patrie bien que placés à des échelons divers, s'apprécient, s'estiment, puissent compter l'un sur l'autre, sans avoir rien à redouter.

Une société ainsi organisée acquerrera une force morale physique qui la rendra invincible, et devant elle viendraient périr misérablement ces lugubres rêveries, ces criminelles ambitions, qui ont su semer la discorde sans donner jamais aucuns fruits.

Et d'abord, une dernière fois, que l'on proclame que la mendicité est interdite, que la trompette sonore qui portera cette nouvelle le dise de telle façon que ce soit chose comprise et exécutée! La mendicité, si elle n'est pas un mensonge, est un reproche à la société; si elle est un mensonge, c'est le préliminaire du crime. Que chaque localité, village le plus humble ou ville la plus immense, nourrisse et entretienne celui qui a besoin d'aide. Nul ne doit mourir de faim sur notre sol français! S'il n'est pas un fainéant ou un criminel, qu'il se rende là où il est né, et s'adressant pour le village à la municipalité, pour la ville à l'administration spéciale, il sera aidé, secouru, fourni du nécessaire, nourri, logé, si on le doit mais il ne mendiera pas. Il n'y a point d'humiliation à recevoir de la commune dont on est l'enfant, si on est infirme, invalide, incapable de travail, malade; la société est une famille qui donne secours à quiconque en est digne et en a besoin.

Plus de mendicité, ce n'est pas dire plus de charité! Non. Vous plus heureux, vous serez toujours à même de verser vos offrandes dans la grande bourse des secours mutuels, où dans la main qu'il vous plaira de juger méritante. Il ne faut pas que les plus riches s'éloignent des plus humbles! J'aime à voir cette grande dame qui descend de son landau et grimpe cinq étages pour faire visite, porter assistance de sa bourse et de sa parole à cette pauvre mère qui soignè un mari ou un enfant malade ; mais je demande à ne plus entendre ce que me disait il y a peu de mois une femme jeune, trèsvalide qui me tendait la main et à laquelle je conseillais le travail : Je gagne davantage en mendiant.

Chaque commune en France doit secours, soutien à l'enfant du clocher régulièrement nécessiteux, il faut consacrer ce principe, il faut l'appliquer rigoureusement. Si la caisse volontaire ne se remplit pas assez pour subvenir à ce chapitre des dépenses, qu'un impôt local crée, assure le service de cette charge sociale.

C'est une dette à acquitter, c'est un devoir à remplir dans un pays où l'on veut régler l'instruction, en la rendant obligatoire et gratuite; on ne doit pas oublier que si l'on doit la nourriture intellectuelle aux enfants de la patrie, on doit la nourriture matérielle à ceux qui ne peuvent pas la demander à leurs bras.

Poursuivons, je crois possible de réglementer l'avenir au bénéfice de tous les citoyens, en rendant légères les charges à imposer aux communes.

VI

On rêve de ce que l'on aime, Berquin rêvait de poisson, moi je rêve à l'application de la fraternité fermant à jamais l'ère des révolutions.

Si dans un pays comme la France, donnant à l'homme toutes les productions utiles à son bien être et même à ses jouissances, il devenait possible d'affirmer que, grâce à un rouage coordonné, reglementé, le travailleur sera certain de trouver à la fin de sa carrère une épargne qui lui assurera l'avenir et le dispensera de tou es inquiétudes, la société moderne aurait fait faire à la civilisation un pas gigantesque.

Pouvoir proclamer que, sur le sol français, nul enfant de la patrie ne sera à la merci du besoin, qu'il devra à son travail et à ses économies une vieillesse pouvant goûter aux douceurs du repos et à un bien être relatif, c'est créer pour les générations futures un rempart que ne sauront renverser ni le fer, ni le feu !...

La société actuelle prenant en considération que tout fonctionnaire ayant servi l'Etat depuis les positions les plus modestes jusqu'aux grades les plus élevés, le ministre, le général de division, le président de la cour de cassation, le professeur de la Sorbonne, le dernier des employés de la Préfecture, peut ne pas avoir trouvé le temps, ni le moyen de se créer un fonds de réserve, a jugé prudent d'établir une caisse de retraite qui assure un avenir respectable à l'homme qui lui a donné son concours. Elle ne veut pas la société, qu'après avoir blanchi sous le harnais, cet employé supérieur ou inférieur ait besoin de vivre malheureusement, en proie aux nécessités les plus difficiles.

Et bien ce fonds que la société administre pour quelques milliers de ses membres, je voudrais le voir organiser pour la généralité, et cela est facile avec des résultats prochains, non seulement pour les travailleurs, mais pour tous et aussi pour l'Etat qui, en créant ce rouage nouveau, trouvera une ressource et une puissance dont il sera étonné !

En peu de mots, voici mon organisation, mon but, mes résultats.

Il faut qu'à cinquante ans, tout Français, homme ou femme, soit inscrit au grand livre de l'Etat pour une pension viagère personnelle !...

Pour pouvoir couvrir cette dépense, tout Français âgé de vingt ans, sera compris dans la répartition faite par le conseil municipal de la commune où il est né ou de celle où son père a déclaré définitivement fixer sa demeure dans une des quatre classes dont je demande la formation.

La France compte 30,000,000 d'habitants, un tiers et c'est beaucoup, à passé l'âge de 40 ans, un autre a moins de vingt ans et le dernier compte de 20 à 40 ans. Divisons donc la population par tiers et déclarons que sur le travail de la partie des nationaux qui a aujourd'hui de 20 à 40, et plus tard de 20 à 50, chaque homme, fille ou garçon, marié ou célibataire, sera imposé d'une somme à destination spéciale que nous nommerons : *le fonds national français.*

Quatre classes seront créées de 2,500,000 chacune environ, la première ne comprenant que les domestiques, les manœuvres, gens à gages, etc., sera tarifée à 30 fr. annuellement; la seconde à 60; la troisième à 120 et la dernière à 150 francs.

Le conseil municipal de la commune fixera la classe à laquelle vous devez appartenir, et cela eu égard à votre position, à votre genre de travail. Et je suppose à bon droit, que le patriotisme français, qui vit encore dans nos cœurs, fera que beaucoup réclameront l'honneur de faire partie de la classe plus imposée, n'oubliant pas que verser à cette caisse, c'est se créer une épargne, c'est assurer l'avenir, c'est fonder la tranquillité et la grandeur du pays.

Savez-vous le produit de cet impôt, dont je vais vous indiquer l'emploi. Par chaque année, la caisse nationale française recevra une somme de 900,000,000 de laquelle diminuant 90,000,000 pour non recouvrements et frais d'administration, il restera annuellement 810,000,000. Au bout de dix années, le capital sera de 8 milliards 100,000,000 net ; dont les intérêts non capitalisés feront qu'après une période décennale révolue, nous arriverons au chiffre de 9,922,500,000 francs.

En passant, disons qu'avec ce capital l'Etat français pourra supprimer sa dette et n'avoir d'autre créancier que la caisse nationale.

Continuez. Dix années ont passé, le capital indiqué est atteint, l'Etat sera débiteur annuellement d'un intérêt de 496,125,000 francs si de ce nouveau chiffre vous déduisez dix pour cent pour frais administratifs, un nouveau travail devant commencer, il vous restera net 446,513,000 francs permettant de constituer : un million de rentes à trois cents francs ; 244,188 à six cents francs !...

Ces rentes seront réparties d'abord entre ceux âgés de quarante ans qui sont dans le besoin et ensuite parmi tous autres nécessiteux ayant apporté leur tribut. Il faut aussi le noter ce sont les conseils municipaux qui seront chargés de désigner les titulaires.

Après vingt ans, vous aurez le droit de constituer et payer : deux millions de rente à trois cents francs, cinq cent mille à six cents. Et après trente ans vous paierez chaque année, trois cents francs à trois millions de français et six cents francs à quinze cent mille !....

C'est-à-dire que 10,000,000 de Français verseront à la caisse, et elle rendra à quatre millions 500,000 ! Or tout Français à cinquante ans et avant, placé dans une situation difficile, précaire, recevra de l'Etat une inscription de rente viagère qu'il touchera annuellement, tant qu'il sera maintenu sur le rôle dressé chaque année par les conseils municipaux !...

Et l'Etat, administrateur de cette caisse, éteindra toutes ses dettes, possédera un capital énorme, n'aura plus d'autre créancier que les titulaires des rentes viagères, il pourra donc abaisser notablement les impôts au lieu de les augmenter ; et ceux plus heureux qui n'auront pas besoin de réclamer le paiement de leur revenu viager, l'Etat leur rendra par l'abaissement des impôts sur les matières premières, par la suppression des octrois, des impôts personnels, etc., plus qu'ils n'auront donné !

Qu'on ne dise pas que ce nouvel impôt, qui en réalité n'est qu'une épargne, sera difficile à recouvrer ; les masses, dès qu'elles auront compris l'économie du projet qui est d'une grande simplicité, aideront de tout leur concours. Au village, le moins fortuné paie ses prestations, donne un croûton de pain au mendiant qui tend la main, ne marchande pas pour rendre un service ; faites comprendre le but et vous verrez que l'on versera sa cote-part avec plaisir ; on reconnaîtra que l'on fait un placement et qu'on assure un résultat.

Vous créerez pour l'avenir, ceux qui bâtissaient des cathédrales gothiques, entassaient des pierres, des jours et ne jouissaient pas du spectacle que nous admirons ; ils croyaient, cela était assez pour leur récompense. Créez donc pour les âges futurs, semez pour les générations qui viennent et qui récolteront, vous assurerez le bien-être de vos petits-enfants, vous fermerez la porte des discussions stériles, vous créerez la solidarité des enfants de la patrie, vous renverserez l'édifice de l'internationale qui guette au passage les mécontents pour les intéresser à son œuvre destructrice.

En France, la solidarité est une maxime ! Quand la grande voix du *Figaro* convie les populations à une œuvre méritoire, qu'il s'agisse de s'unir pour récompenser un homme dévoué, pour venir au secours des incendiés, pour aider à l'œuvre de soulagement de la misère, la réponse n'est pas longue à obtenir, et la liste des adhérents à la souscription dont il est le promoteur est longue !

Quand le *Gaulois* se met à la tête d'une œuvre rémunératoire au profit d'une grande artiste, qui a oublié que les jours ont un lendemain, il lui suffit de dire qu'il faut concourir pour que le résultat désiré soit obtenu !

Si l'idée que j'émets est pratique et possible, les maîtres en économie voudront bien l'examiner, je l'espère, et comme je n'ai nulle ambition, que je n'aspire à rien, ils useront de ma proposition pour la faire produire et donner les résultats qui contribueraient aux exigences de tous ; je serai alors suffisamment récompensé.

VII

J'ai fini, Monsieur le Maréchal. La France a soif d'une solution qui lui permette de jeter des fondations qui ne seront point ébranlées par des orages. On ne construit pas pour laisser la maison vide ; on ne crée pas une fabrique pour que les métiers chôment et que les ateliers soient veufs d'ouvriers ; on ne songe pas à entasser en magasin des marchandises qui ne trouveraient pas d'acheteurs ; si le calme, le repos, la sécurité sont les bases d'un Etat ; ils sont les sources fécondes du travail. On ne compte parmi les peuples, qu'en raison de l'ordre qui règne, car l'ordre c'est la fortune du spéculateur, la richesse de l'ouvrier, le bonheur de tous.

Que l'ordre donc nous soit donné, qu'il vienne du Septennat, puisque c'est le Septennat qui a reçu la mission de gouverner la France et d'y rétablir les rouages brisés et faussés !

Le Septennat, Monsieur le Président, ne peut ni ne doit être mis en question par personne ; œuvre de la majorité, il faut que tous s'inclinent devant ce pouvoir choisi et dont la France attend la pensée !... Vous avez le droit de vouloir, veuillez donc, et tout ce qui pense honnêtement suivra votre bannière sur laquelle vous avez inscrit avec le plus pur de votre sang : J'Y SUIS, J'Y RESTE ! !

La France est lasse de ces déclamations qui ne portent avec elles que troubles et agitations, elle en réclame la fin, c'est à vous, Monsieur le Maréchal, qu'elle sera heureuse de la devoir. Le Dieu qui protège la France vous a désigné comme devant avoir l'immortel honneur de répondre au vœu de la patrie, elle attend et elle espère, son attente ne sera pas longue, son espérance ne sera pas vaine, un mot de vous peut tout créer et tout sauver.

EGO.

Paris, 1er décembre 1874.

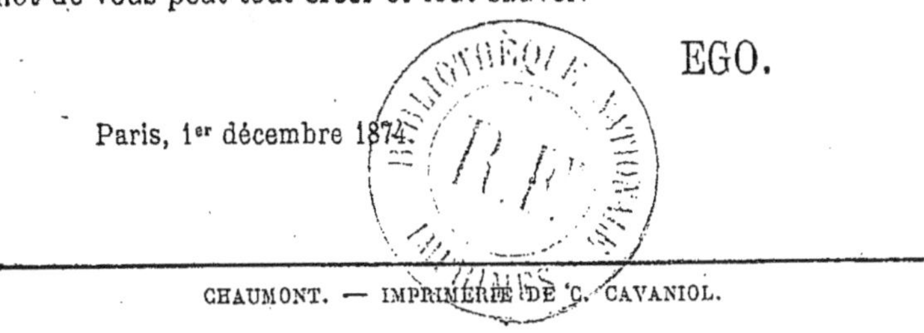